AF277073

UN MUNDO QUE SE NOS VA. RAZONES PARA REBELARSE

CARLOS TAIBO

ESTEL NEGRE
22

CALUMNIA
2026

Legu, kopiu, diskonigu, reverku,
kantu, muzikigu, kriu, recitu
ĉi libron. Diskonigu la Ideon!

Llegiu, copieu, difoneu, reescriviu
canteu, musiqueu, crideu, reciteu,
aquest llibre. Difoneu la Idea!

Volgueren enterrar-nos,
no sabien que érem llavor!

UN MUNDO QUE SE NOS VA.
RAZONES PARA REBELARSE | 2026
Texto: Carlos Taibo
Edición: Jordi Maiz | Raúl Montilla

Calumnia Edicions | Serra de Tramuntana (Mallorca)
info@calumnia-edicions.net | @calumniaeditor
Colección «Estel Negre», n. 22, 10 x 15cm, 104 p.

1ª edición | febrero 2026
ISBN: 979-13-991244-1-5
DL: PM-00005-2026

UN MUNDO QUE SE NOS VA. RAZONES PARA REBELARSE

Este texto acoge un puñado de observaciones sobre el escenario internacional, y no solo internacional, del momento. Creo que el hecho de que ese escenario sea particularmente convulso y cambiante justifica que en estas páginas mis opiniones asuman la forma de apuntes sueltos que, sin ninguna pretensión de totalidad, antes se proponen plantear preguntas que proporcionar respuestas firmes y acabadas. Por detrás lo que se barrunta es, claro, nuestra incapacidad para entender muchos procesos. Así las cosas, y como acaso parece inevitable, este pequeño trabajo se presenta sin más —lo reitero — como un material de discusión, y no como la expresión de certezas francas e incuestionables.

Obligado estoy a señalar que este texto tiene un origen lejano en un puñado de invitaciones que, registradas en los últimos tiempos, me han permitido desarrollar charlas que en sustancia se proponían evaluar el panorama internacional del momento. Y a hacerlo a sabiendas de mis limitaciones. Quiero creer, aun así, que mi trabajo sobre la Europa central y oriental contemporánea, por un lado, y mi interés por materias como la perspectiva del decrecimiento y la teoría del colapso, por el otro, aportan al respecto una atalaya moderadamente interesante.

1

Antes de entrar en materia quiero formular una pregunta que considero importante. Salta a la vista que vivimos en un planeta en el que el caos parece haberse instalado para quedarse. Las manifestaciones de ese caos son muchas. Ahí están, para demostrarlo, el cambio climático, el agotamiento de un sinfín de materias primas, las agresiones que padece la biodiversidad, la crisis demográfica, un escenario social extremadamente delicado, los problemas ingentes que afectan de forma singular a las mujeres y, por dejarlo ahí, el incremento en el número y en la intensidad de los conflictos bélicos.

Tiene sentido que me pregunte si ese caos en franca expansión es el producto de una operación tramada del capital encaminada a mejorar la posición de este último o, por el contrario, refleja antes bien la incapacidad del propio capital para resolver sus problemas. Bien sé que la pregunta tiene un sentido tan amplio que sería absurdo pretender que es posible hilvanar una respuesta en un texto de esta naturaleza. Me limitaré a anotar que en mi intuición prestamos demasiada atención al primero de los dos horizontes planteados y prescindimos de las muchas señales que apuntan al vigor del segundo.

Doy por descontado que muchas de las personas que me leen conocen un celebrado libro de Naomi Klein titulado *La doctrina shock*. En sustancia es un estudio de cómo el capital se sirve de catástrofes de carácter más o menos natural para mover pieza, y con descaro, en provecho de sus intereses. Ahí están los ejemplos del tsunami del sudeste asiático en 2004 y del huracán Katrina, en Nueva Orleans, en Estados Unidos, el año siguiente. En el primer caso la destrucción operada en un sinfín de pequeñas localidades en la costa oriental de la isla de Ceilán abrió el camino a un activo proceso de turistificación de la región afectada; con un desplazamiento forzado, naturalmente, de los pobladores ancestrales de esas localidades. En el segundo, la catástrofe consiguiente permitió el despliegue obsceno de un sinfín de políticas de corte neoliberal. No es mi propósito, en modo alguno, cuestionar el buen sentido de las aserciones de Klein, que creo se ajustan puntillosamente a la verdad. Lo que quiero subrayar es que por detrás de la certificación de lo anterior bien puede deslizarse la intuición de que el capitalismo se despliega con la misma inteligencia y eficacia en todos los escenarios y momentos. Creo yo que, muy al contrario, sobran los motivos para concluir que el capital las más de las veces no está a la altura de las circunstancias o, lo que es lo mismo, no responde convincentemente a la defensa de sus intereses.

Lo digo de otra manera: el capitalismo no es un sistema omnipresente, omnisciente y omnipotente. Es, antes bien, una realidad lastrada por sus propias limitaciones y, también, por la presencia en su interior de proyectos eventualmente diferentes y enfrentados. Cuando algunos hemos llamado la atención sobre el riesgo de un colapso general del sistema que padecemos, en último término lo que estábamos subrayando es que el capitalismo, pese a las apariencias, lleva en sí mismo el germen de su desaparición. Esta tesis que defiendo ahora, nada novedosa, llama la atención sobre la curiosa idealización de las prestaciones del capital que acosa a tantas gentes que, en el magma de eso que se llama *izquierda*, parecen haber concluido que no tiene sentido imaginar un mundo diferente del articulado en torno a los intereses y caprichos de ese capital.

Aunque sé que el argumento tiene un alcance limitado, no me resisto a incluir aquí una aserción de carácter fundamentalmente personal. La mayoría de quienes hemos tenido la oportunidad de trabajar para un empresario privado hemos señalado una y otra vez que la gestión que ese empresario asumía de sus propios intereses no era muy afortunada. ¿Cómo podríamos aceptar que un sistema que es, al cabo, el producto de la suma de los intereses, defendidos con escasa moralidad, inteligencia y cordura, de un sinfín de empresarios es, sin embargo, un sistema racional y exultante?

2

Claro es que no solo se trata de una activa caotización. En paralelo se hace valer una manifiesta aceleración de muchos procesos. Intentaré dar cuenta de esta última de la mano de la identificación de tres situaciones relevantes.

La primera de esas situaciones la aportó en su momento la pandemia, de la mano, en este caso, de la demostración de que era posible propiciar un formidable ejercicio de servidumbre voluntaria de poblaciones enteras. Aunque es absurdo situar la pandemia en el orden de cosas de lo que más adelante llamaré *ecofascismo*, sobran los motivos para concluir que ofreció, y ofrece, informaciones y conocimientos muy útiles en lo que respecta al despliegue material del proyecto correspondiente.

En un segundo escalón hay que mencionar un puñado de noticias que cobraron cuerpo en el otoño de 2021, con efectos que en los hechos han llegado hasta hoy. Pienso en problemas en el suministro de materias primas energéticas, en cortocircuitos en muchos procesos económicos, financieros y comerciales, y en incrementos muy notables en los costos de transporte de las mercancías. Todo ello por no hablar de ese globo-sonda que se reveló en Austria el propio otoño de 2021 y que señalaba que en adelante las unidades del ejército local se aprestaban a alcanzar una plena autonomía en energía y en agua a efectos de hacer frente a un posible *apagón* general y acudir en socorro de la población civil. Es sabido que es lo que suelen hacer las fuerzas armadas en todos los lugares del planeta...

El tercer y último momento, la guerra que se inició en Ucrania a principios de 2022, admitiré que tiene compleja inserción en este esquema de análisis. Aun así, me arriesgo a afirmar que por detrás de esa guerra hay una competición soterrada por materias primas energéticas cada vez más escasas, se halla probablemente una diversificación en las líneas de generación del valor propias del mundo occidental, por un lado, y del rusochino, por el otro, y se hace evidente, en fin, que no hay imperio bueno. Quien no se haya percatado de las condiciones que Estados Unidos ha intentado imponer en Ucrania anda muy ciego ante la realidad, tan ciego como quien piense que hay un proyecto de justicia y de solidaridad del lado de la Rusia de Putin o del de la China de Xi Jinping. Más allá de todo lo anterior, la guerra de Ucrania y, con ella, ciertamente, otros conflictos y tesituras, remite a una activa militarización del planeta, plasmada en gastos en defensa cada vez más altos, negocios prósperos para las industrias de armamento e intervenciones militares que ya no van a precisar la etiqueta edulcoradora de *humanitarias*.

Me interesa escarbar en una de las conclusiones derivadas de esta aceleración de tantos procesos. Si a principios de 2020, antes del inicio de la pandemia, alguien me hubiera preguntado si creía firmemente que existía un riesgo de colapso general del sistema, a buen seguro que habría respondido que sí, en el buen entendido de que muy probablemente habría agregado que en virtud de mi edad yo no iba a vivir ese colapso. Hoy ya no estoy tan seguro de esta última circunstancia. Ello es así hasta el punto de que, cuando me preguntan cuáles son las fechas de manifestación previsible del colapso en cuestión, me veo en la obligación de sugerir, con argumentos que me parece que son sólidos, que el colapso es realmente esto que tenemos ya delante de los ojos. Y ello aun cuando nuestros preconceptos nos impidan verlo con claridad y aun cuando, ciertamente, las señales correspondientes no sean tan crudas como las que algunos intuimos que acabarán por manifestarse en el futuro.

3

La suma de caos y aceleración, los dos fenómenos que acabo de invocar, tiene un efecto principal: nos vemos cada vez más manifiestamente incapacitados para predecir el futuro. Permítaseme que rescate al respecto —lo he hecho en más de una ocasión en los últimos años— el contenido de un artículo que cayó en mis manos mucho tiempo atrás. Infelizmente no recuerdo ni el nombre del autor ni la publicación en la que vio la luz. Debo adelantar que del artículo en cuestión no me interesa tanto el pronóstico preciso que incorporaba como lo que revelaba sobre —lo reitero— nuestra incapacidad para predecir el futuro, y sobre la zozobra consiguiente.

El texto que gloso se iniciaba con la certificación de lo que entiendo que a estas alturas es una obviedad: los pronósticos que Marx y Engels formularon, en la segunda mitad del siglo XIX, en lo que respecta a la presumible conducta del proletariado en la Europa occidental —en Alemania, en Francia, en Inglaterra— demostraron ser manifiestamente equivocados. El proletariado implicado en la tarea no acometió la revolución que Marx y Engels le atribuían. Si tengo que retratar la cuestión con un punto de ironía, me limitaré a señalar que entró en un supermercado para comprar una barra de pan y decidió quedarse dentro del supermercado. El artículo asumía, con todo, un salto en el tiempo y señalaba que mientras el proletariado como clase va desapareciendo desde hace décadas en la mayor parte del planeta, pareciera como si, en cambio, se acumulase en cantidades formidables en las grandes ciudades de la costa china del Pacífico. Y lo hiciese, por añadidura, en condiciones que recuerdan poderosamente a las de la Europa de la segunda mitad del siglo XIX: la plusvalía absoluta, la explotación más descarnada, la ausencia más dramática de derechos laborales y sindicales... El texto apuntaba un posible e imaginativo horizonte de futuro, en la medida en que, dadas esas condiciones, auguraba la posibilidad de que el proletariado chino acabase por protagonizar la revolución que un siglo y medio antes prefirieron esquivar sus homólogos alemán, francés o inglés.

Ya he señalado que no me interesa tanto el rigor estricto del pronóstico, que es más que discutible. Quiero subrayar, antes bien, lo que ese pronóstico significa en términos de conocimiento. Una tesis como esa enunciada hace un cuarto de siglo provocaba, sin más, una sonrisa conmiserativa. Hoy, habida cuenta de nuestra incapacidad para predecir los hechos, no nos queda más remedio, sin embargo, que prestarle atención por si acaso diera en el clavo. Y esta regla general sospecho que puede aplicarse en relación con otros muchos pronósticos. A menudo he pensado en una figura que probablemente existe: la de alguien que hubiese entrado en estado de coma allá por 1985 y saliese hoy de ese estado. Es fácil imaginar la convulsión que le produciría la lectura, en estas horas, de un periódico lleno de noticias incomprensibles. Sospecho que al respecto hay que partir de la certeza de que, si en estas cuatro décadas el planeta ha acogido una formidable aceleración de un sinfín de procesos, las cosas se aprestan a ir aún más rápidas en los decenios venideros.

4

Hay que prestar oídos a lo que invoca el concepto de *ecofascismo*. Ya sé —lo he dicho muchas veces— que el término resulta moderadamente sorprendente. Estamos acostumbradas a concluir que el prefijo *eco-* debe agregarse siempre a realidades saludables o, como poco, neutras. Debo recordar, sin embargo, que en el Partido Obrero Alemán Nacional-Socialista, la fuerza política que encabezaba Hitler, operó un activo grupo de presión de carácter ecológico que defendía la vuelta al mundo rural, criticaba agriamente las consecuencias negativas derivadas de la urbanización y la industrialización, y postulaba, llegado el caso, el despliegue de prácticas de corte vegetariano. Todo ello, naturalmente, al servicio de una raza elegida que debía estar en condiciones de imponer a los demás reglas del juego de obligada satisfacción.

Muchas veces he recomendado en los últimos años la lectura de un libro, muy iluminador, de un periodista alemán llamado Carl Amery. En su versión castellana la obra se titula *Auschwitz, ¿comienza el siglo XXI?* La tesis principal que maneja Amery en ese trabajo señala que estaríamos muy equivocadas si concluyésemos que las políticas que abrazaron los nazis alemanes ochenta o noventa años atrás remiten a un momento histórico singularísimo, coyuntural y afortunadamente irrepetible. Amery nos exhorta, antes bien, a estudiar en detalle esas políticas. ¿Por qué? Porque bien pueden reaparecer en los años venide-

ros, no defendidas ahora por ultramargi-
nales grupos neonazis, sino postuladas
por algunos de los principales centros de
poder político y económico, cada vez
más conscientes de la escasez general que
se avecina y cada vez más firmemente decididos a preservar en unas pocas manos
recursos que se antojan manifiestamente
escasos. Y a hacerlo en virtud de un proyecto de darwinismo social militarizado,
de ecofascismo. Es fácil intuir que por
detrás de esta propuesta, y en lugar central, hay una discusión demográfica. En
el fondo está la idea de que en el planeta
sobra gente, de tal manera que se trataría
de marginar a quienes sobran —esto ya
lo hacen—, y en la versión más dura de
exterminarlos literalmente.

A tono con lo que acabo de decir, importa subrayar lo que a mi entender es
evidente: no parece muy razonable con-

fundir *ecofascismo* y *extrema derecha*. Aunque las excepciones no faltan, esta última suele ser negacionista: niega que exista el cambio climático, en su caso asevera que este último no tiene un origen humano, de la misma suerte que niega que se estén agotando el petróleo y el gas natural. El ecofascismo, por el contrario, no es en modo alguno un proyecto negacionista. Parte, antes bien, de la certeza del relieve del cambio climático y del agotamiento de un sinfín de materias primas. Vox, para entendernos, no es una fuerza política ecofascista: sospecho que la propuesta del ecofascismo resulta en exceso compleja a los ojos de un partido que poco más revela que el ascendiente de la versión más casposa del nacionalismo de Estado español. Cuando hablo de ecofascismo estoy pensando —entiéndase bien— en circuitos de poder como los vinculados con los partidos liberales y socialdemócratas. O, lo que es casi lo mismo, estoy pensando en la reaparición, con formas aparentemente nuevas, de las prácticas coloniales de casi siempre. En el buen entendido, eso sí, de que tal y como discurren determinados procesos no siempre es sencillo distinguir la extrema derecha y esos circuitos de poder. Ahí está la figura de Donald Trump para certificarlo.

Si alguien piensa que el pronóstico que vinculo con el ecofascismo es en exceso imaginativo me limitaré a sugerir que se estudien las condiciones de la historia de Palestina en los tres últimos cuartos de siglo. Aunque en este caso, ciertamente, la dimensión ecológica del proyecto colonial no ha sido la principal, los términos en los que se ha desplegado la dominación israelí recuerdan poderosamente a aquellos que, en la estela del imperialismo y del colonialismo de siempre, es razonable atribuir al proyecto ecofascista de estas horas. Baste con recordar un puñado de sustantivos: expulsiones, acoso, explotación, ocupación, muros, militarización, ahogamiento económico, arrogancia, criminalización del agredido, violación de todas las normas legales, expansión de las cárceles, tortura, asesinatos, robo de recursos, racismo y apoyo no ocultado a la colonización occidental.

5

Lamento tener que asumir posiciones que convencionalmente se tildan de *pesimistas*. Pero hay datos significativos que aconsejan concluir que las cosas pueden ir manifiestamente a peor y hacerlo, por añadidura, de forma rápida. Bueno será que proponga un ejemplo al respecto, en el buen entendido de que los datos que invoco están sometidos a muchas discusiones, de tal manera que no permiten alimentar ninguna conclusión firme.

Desde hace un tiempo partimos de la presunción, de la certeza, de que uno de los efectos principales del cambio climático es el que asume la forma de migraciones masivas de seres humanos que, en el hemisferio norte, huyen de los países situados al sur para buscar escenarios más llevaderos. Esas migraciones son ya, con toda evidencia, una realidad. Los estudios que se vienen realizando en relación con la AMOC —son las siglas inglesas de la "circulación de vuelco meridional del Atlántico"— anuncian cautelosamente que los procesos en curso en las corrientes marinas en el océano mencionado podrían tener entre sus consecuencias un descenso significativo de la temperatura en el norte del continente europeo, esto es, si llevamos el argumento al extremo, una nueva glaciación. De desarrollarse así los hechos, nos encontraríamos ante dos flujos migratorios: al ya citado procedente del sur se sumaría otro originado en el norte, con consecuencias que hay que describir como dramáticas.

Me interesa subrayar que el caso al que acabo de referirme coloca sobre la mesa una discusión interesante, como es la que subraya que el colapso que muchos intuimos que puede producirse no solo afectará, como casi siempre, a las poblaciones más castigadas y desprotegidas. Bien puede golpear también, y no precisamente de forma marginal, a los habitantes de los países ricos, cuyas dependencias en el terreno energético y tecnológico bien pueden jugarles una mala pasada. En paralelo, muchos espacios que, radicados en el Sur del planeta, a menudo se ha señalado que no se integraron de manera convincente en ese gigantesco mito llamado *globalización* bien pueden salir, comparativamente, mejor parados. En la certeza, eso sí, de que esos espacios suelen ser escenario de manifestación, al tiempo, de muchas de las concreciones más crudas del calentamiento global.

6

Permítaseme que acoja aquí una breve consideración sobre el papel que en estos y otros procesos corresponde a la institución Estado. Sabido es que al calor de eso que ha dado en llamarse *globalización* —acabo de mencionarla— el Estado ha experimentado dos pulsiones de signo contrario. Mientras, por un lado, ha perdido sensiblemente atribuciones en el orden económico y social, por el otro se han acrecentado sus capacidades en el terreno militar-represivo.

Más allá de lo anterior, creo que hay que prestar atención a varias dimensiones relativas al papel que desempeña hoy la institución Estado. Por lo pronto, no hay ningún motivo para concluir que esa institución ha dejado de ser lo que ha sido siempre: un aparato al servicio de la clase dominante. En este orden de cosas la sugerencia de que el Estado protege a las clases populares no deja de ser una lamentable superstición.

En segundo lugar, y en un ámbito muy próximo, conviene guardar las distancias con respecto a los llamados *Estados del bienestar*, portadores de un curioso término que embellece gratuitamente la realidad correspondiente. Lo he anotado mil veces: los Estados del bienestar son formas de organización económica y social características del capitalismo, y por completo desconocidas lejos de este último; dificultan hasta extremos inimaginables el despliegue de prácticas de autogestión desde la base; beben de la filosofía mortecina de la socialdemocracia y del sindicalismo de pacto; no han venido a liberar, como anunciaban, a tantas mujeres que son víctimas de una doble o de una triple explotación; no tienen ninguna condición ecológica solvente y, en fin, no muestran ninguna suerte de solidaridad con los habitantes, explotados, castigados y preteridos, de los países del Sur. En estas condiciones mucho me temo que no basta con defender lo público. Lo que hay que defender es lo público socializado y autogestionado, que no es lo mismo.

Me gustaría agregar que en virtud de razones que me parecen obvias el Estado es, por lo demás, un agente principal en el previsible despliegue futuro de estrategias de carácter ecofascista. Al respecto parece vital determinar si estas últimas cobrarán cuerpo con fuerza antes o después de un previsible colapso general. Si el horizonte es el segundo, con la maquinaria estatal muy tocada en virtud de sus ingentes dependencias, lo suyo es que el escenario de hoy, tan desequilibrado en provecho de los poderes tradicionales, experimente alguna saludable transformación. Hay quien augura para el futuro, dicho sea de paso, un horizonte neofeudal, de tal manera que, en un escenario de general fragmentación, en lugares muy próximos entre sí se hagan valer reglas del juego muy diferentes, unas veces en provecho de los poderes tradicionales y otras al amparo de proyectos alternativos de uno u otro cariz. Esto de lo que hablo ahora será a la vez causa y efecto de una activa *desglobalización*.

7

Por detrás de muchas de estas discusiones sobrevuelan otras que se interesan por el papel de la tecnología en el mundo que se está perfilando. Me contenta poco la certificación, insorteable, de que las tecnologías que hoy se hallan en funcionamiento están bajo la dirección de una escueta minoría de la población planetaria. La discusión sobre la condición de esa minoría —plenamente consciente de sus proyectos o atrapada en ellos— reaparece también aquí. Me interesa más certificar que cada vez se antojan más certeras las opiniones de John Zerzan encaminadas a subrayar que las tecnologías no son en modo alguno neutras, de tal forma que, aunque importa saber, ciertamente, quién las dirige, son portadoras en sí mismas de demasiadas trampas. Zerzan sostiene categóricamente que todas las tecnologías creadas por el capital arrastran la huella de la división del trabajo, de la jerarquía y de la explotación. Es un argumento serio que merece ser considerado, de resultas, seriamente.

Pero también en este terreno hay que preguntarse por los presumibles efectos del colapso. ¿No dará al traste este con muchas de las tecnologías que hoy se hallan a disposición de los poderosos? El retroceso en la oferta de energía al que parecemos abocados, ¿no tendrá un efecto sensible en lo que se refiere al concurso de tecnologías vitales para la preservación del modelo hoy vigente? ¿Cómo debemos hacer frente, en fin, al tecnooptimismo que nos inunda y que da por descontado que inexorablemente aparecerán nuevas tecnologías que nos permitirán afrontar problemas que hoy nos parecen inabordables?

8

En mi percepción no se acercan buenos tiempos para las mujeres en el conjunto del planeta. Y no solo se trata de que los progresos realizados en la mejora de la condición de aquellas estén muy lejos de lo que necesitamos. Igual relieve corresponde al hecho de que el horizonte de un colapso general —de nuevo el colapso— puede traducirse en un retroceso en lo que se refiere a esos progresos.

Ya he señalado que, según una estimación, el 70% de las personas pobres y el 78% de las analfabetas existentes en el planeta son mujeres. Siempre apostillo lo mismo: me parece que son porcentajes muy llamativos. No estamos hablan-

do de un 52% de mujeres pobres con-
frontado con un 48% de hombres: nos
estamos refiriendo, antes bien, a la dis-
tancia abismal que separa un 70 y un
30%. Conforme a otra estimación, cierto
que controvertida, las mujeres realizarían
el 67% del trabajo —se incluye, naturalmente, el doméstico— para recibir a
cambio un escueto 10% de la renta. Ya he
anotado que en estas condiciones no hay
ningún motivo de relieve para llegar a la
conclusión de que los problemas de
marginación simbólica y material de las
mujeres se hallan en feliz vía de resolu-
ción.

También me he atrevido a sugerir en alguna ocasión que un análisis muy cono-
cido, el de Sayak Valencia, relativo al
llamado *capitalismo gore*, bien puede
servirnos para iluminar la condición
presente, y acaso la futura, de muchas
mujeres. Para Valencia esa forma de capi-

talismo se articula con arreglo a cuatro ejes: la huella del colonialismo, la del racismo y la del clasismo comunes en los países excoloniales; la masculinidad machista y violenta, convertida en maquinaria de guerra al servicio de la institución Estado; la precarización económica y existencial de las poblaciones, a través de la depreciación de las clases pobres y de la degradación del trabajo, y, en fin, la aceptación de los ideales neoliberales en materia de ascenso social e individualismo. Parece servida la conclusión de que, si no lo remediamos, el escenario del colapso está llamado a ratificar muchos de los rasgos de la sociedad patriarcal. Es lo que cabe augurar al amparo de una letal combinación entre crisis social, catástrofe ecológica y conflictos bélicos.

9

Desde hace un tiempo es frecuente que se aduzca que los problemas de eso que llaman *izquierda* —olvidaré las lógicas disputas al respecto— remiten al abandono de la *cuestión social* o, si así se quiere, al de la lucha de clases. Expresada en esos términos la tesis es tan certera como ambigua. O, por decirlo de otra manera, cuando uno procura identificar lo que hay por detrás de lo que enuncia descubre que a menudo, cierto que no siempre, los problemas son muchos. Intentaré retratarlos en tres escalones.

El primero de esos escalones parece sugerir que la izquierda ha perdido el rumbo cuando se ha empeñado en defender causas *identitarias* —a saber qué signifi-ca, también, esto— como la propia de la población *trans*. No acierto a entender el sentido del argumento o, en otras pa-labras, no sé en virtud de qué extraña razón la defensa de los derechos de la po-blación *trans* acarrearía abandonar las luchas sociales de siempre, tanto más cuanto que este abandono es, a mi en-tender, muy anterior a la irrupción de esa cuestión presuntamente identitaria. Otra cosa distinta es que se señale, con criterio respetable, que la primacía que en algunas de las propuestas del feminis-mo ha adquirido esa cuestión merece una discusión franca y seria.

Doy un paso más, el segundo. Hay quien elevará la apuesta y se atreverá tal vez a señalar que el abandono, muy de-safortunado, de la cuestión social guarda relación con la irrupción del feminismo y del ecologismo. Ay qué caramba. Será que, por irrelevante e injustificada, la del feminismo es una mercancía ideológica fácilmente prescindible. Al parecer carece de importancia el hecho —lo rescato una vez más, la tercera— de que el 70% de los pobres y el 78% de los analfabetos existentes en el planeta sean mujeres. Tampoco tiene relieve alguno la marginación que en todos los órdenes padecen estas últimas. Qué decir de la ecología. Será que quienes pensamos que el planeta irremisiblemente se nos va de las manos y subrayamos los efectos letales del cambio climático, del agotamiento de un sinfín de materias primas y de las agresiones contra la biodiversidad, estamos, simplemente, dilapidando energías... Pareciera, por lo demás, como si por detrás de la mayoría de las luchas feministas y ecologistas, o al menos de las que tienen un carácter consecuente, no estuviese la firme voluntad de contestar el capitalismo y sus reglas.

Pero, al cabo, es el tercer y último escalón el que me parece más llamativo. Ya sé que introduzco una generalización delicada, pero es fácil comprobar que muchas de las personas que defienden la tesis que estoy glosando militan en los sindicatos mayoritarios o en los partidos de la socialdemocracia desvaída —disculpas por la redundancia—, esto es, en instancias que hace mucho tiempo —soy generoso con el argumento— abandonaron lo que cabe entender que es la lucha social. Ahora va a resultar que el feminismo, el ecologismo y la población *trans* son los responsables de que, hace muchos años, esas fuerzas sindicales y partidarias decidiesen respaldar sin dobleces la preservación del orden propio del capitalismo. A lo mejor algún día se les ocurre que la solución a semejante dislate es fundir la lucha de clases, la ecología y el feminismo. Aunque ya van tarde.

10

En 1986, antes del manipuladísimo referendo celebrado en relación con la adhesión a la Organización del Tratado del Atlántico Norte (OTAN), había en España una mayoría de ciudadanos que rechazaban lo que esta última significaba. Según un estudio realizado en los últimos tiempos, al parecer serio, en nuestros días solo un 20% de la población rechaza, en cambio, lo que significa la organización mencionada. Y, sin embargo, son muchos los motivos que aconsejan repudiar, y abruptamente, lo que supone la principal instancia militar del mundo capitalista.

Una reflexión sobre el papel acometido por la OTAN en relación con el contencioso ucraniano ofrece suficientes argumentos al respecto. Y lo hace aunque haya razones sobradas para contestar, en paralelo, la intervención militar rusa de 2022. Por lo pronto, la OTAN ha sido la punta de lanza fundamental de una activa estrategia de acoso y cerco sobre Rusia, materializada en la incorporación a la alianza de una quincena de Estados de la Europa central y oriental, y en el establecimiento, en torno a la citada Rusia, de un reguero de bases militares. Muchas veces me he preguntado cómo reaccionaría Estados Unidos si dos países con los que mantiene frontera, Canadá y México, decidiesen sumarse a una alianza militar hostil a Washington. ¿Hay algún motivo sólido para concluir que esa reacción sería suave y tranquila? ¿No es más probable que asumiese, muy al contrario, el mismo tono agresivo que ha desplegado Rusia en Ucrania?

Lo anterior al margen, la OTAN es un elemento decisivo para una activa política de tercermundización de todas las relaciones en buena parte de la Europa central y oriental recién mentada. Si, dejando de lado la fanfarria retórica, nos preguntamos qué es lo que buscan nuestros empresarios en esa región, la respuesta parece razonablemente sencilla: una mano de obra barata que explotar, mercados moderadamente prometedores y, sobre todo, materias primas muy golosas. Todo ello sin olvidar ganancias geoeconómicas y geoestratégicas importantes.

En un tercer escalón, la OTAN ni siquiera puede presumir de la condición democrática de los Estados que la integran. Aunque dos dictaduras, la salazarista en Portugal y la de los coroneles en Grecia, formaron parte de la Alianza, en este caso no tengo que volver la mirada hacia el pasado: es suficiente con recordar que la Turquía de Erdogan, responsable de un genocidio en toda regla en el Kurdistán, constituye hoy uno de los pilares fundamentales de la OTAN.

En fin, y por dejar las cosas ahí, me parece que la OTAN es responsable fundamental de la entronización de códigos de doble moral que invitan a tratar de manera diferente a los amigos y a los enemigos, a los poderosos y a los débiles. Sabido es que a los deportistas rusos se les ha privado en los últimos años de la posibilidad de participar en las competiciones internacionales. ¿Cuándo tendremos la oportunidad de comprobar que se actúa de la misma manera con los deportistas israelíes y norteamericanos? No oculto mi admiración, en suma, por las gentes que entre nosotras han acudido presurosas en socorro de quienes huían de una guerra terrible en Ucrania. Quiero preguntarme, sin embargo, dónde estábamos hace un cuarto de siglo cuando el ejército ruso acometía otro genocidio en toda regla en Chechenia. Parece que en este caso las víctimas de la conducta de Moscú, de piel oscura y mayoritariamente musulmanas, no nos preocupaban tanto.

11

Sabido es que una dimensión fundamental de la propaganda rusa en relación con Ucrania es la que subraya que en esta última se ha instalado con el paso del tiempo, en posiciones de poder, un proyecto nazi o neonazi. Aunque es innegable que en la Ucrania de estas horas, y ante todo en el estamento militar, las fuerzas de extrema derecha disfrutan de un crédito significativo, pretender que un país complejo quede en su totalidad ubicado bajo el código ideológico correspondiente es un absurdo.

En este caso, y no sin paradoja, creo que es más feraz sopesar qué ocurre, del otro lado de la trinchera, en Rusia. Si alguien me pide que defina de manera rápida el sistema hoy en vigor en el país, hablaré de un nacionalismo que a menudo tiene un perfil étnico, de la defensa de los valores tradicionales —esto es, de la familia y de la Iglesia ortodoxa—, del universo profundamente inmoral de los oligarcas, de lacerantes desigualdades sociales, de flujos de poder manifiestamente autoritarios y de lo que con frecuencia asume la forma de una pulsión imperial. No sé, con estos mimbres, qué tipo de proyecto antifascista cabe identificar en la Rusia putiniana, muy bien relacionada, por añadidura, con fuerzas políticas de extrema derecha en todo el planeta.

En un epígrafe anterior ya he deslizado mi visión en relación con la China de estas horas. Me limitaré a señalar que en ese país no aprecio ningún proyecto universalista. Lo que despunta es, antes bien, un horizonte manifiestamente nacionalista, con un agregado importante: por

detrás de ese proyecto están las elites direc-
toras correspondientes, de tal suerte que a
duras penas puede identificarse una
apuesta de carácter popular. Lo que quiero subrayar cuando menciono las que entiendo que son las características
contemporáneas de los modelos ruso y
chino es que no hay ningún motivo para
concluir que configuran opciones fundamentalmente distintas de las que aporta el
capitalismo occidental en sus diferentes
versiones. Lo anterior se completa con el
hecho de que, por añadidura, las propuestas rusa y china exhiben un tono autorita-
rio y represivo, sin que en ellas falte —ya
lo he adelantado en el caso de Rusia—
una pulsión imperial.

Las cosas como fueren, en la confronta-
ción entre las potencias occidentales y el
supuesto bloque rusochino —las disensio-
nes entre sus dos partes integrantes son
mayores de lo que pudiera parecer— lo

que se enfrentan son modelos distintos de capitalismo. Y no el oprobio del capitalismo liberal, por un lado, y el orgullo contestatario de un supuesto modelo socialista como el que, a los ojos de algunos, imperaría en China —e incluso, en pleno delirio, y conforme a algunas percepciones, en la Rusia de Putin—, por el otro.

12

Hace no mucho leí el que creo que es el último de los libros de Franco Berardi, *Bifo*. En una de sus páginas su autor asume una comparación entre las movilizaciones estudiantiles registradas en Estados Unidos en las décadas de 1960 y 1970 contra la guerra de Vietnam y las que en los últimos tiempos se han producido en repudio del genocidio israelí en Gaza. *Bifo* señala que en el primer caso un impulso fundamental lo aportaba la idea de que en Vietnam existía un sistema alternativo que merecía ser defendido. Aunque creo que hoy sabemos que lo anterior era una mera ilusión, parece innegable que la existencia de una utopía lejana tenía un efecto importante en materia de movilización. Lo digo, con *Bifo*, para subrayar que en el momento presente no se puede identificar un polo de atracción similar. Nadie piensa, en otras palabras, que en Gaza hay algún modelo alternativo —y los que estiman que existe en Rusia o en China parecen dar la espalda a la realidad— al del capitalismo occidental. Lo que invita a muchos jóvenes a movilizarse contra el genocidio acometido por Israel es, sin más, este último. Creo que tiene sentido que nos preguntemos cuál es la zozobra que tienen que encarar muchos de esos jóvenes que a duras penas aciertan a iluminar ningún horizonte de futuro para sus vidas. Solo palpan la miseria cotidiana, y en todos los ámbitos.

Y, sin embargo, no faltan los horizontes alternativos. Cierto es que tienen una presencia mucho mayor en los países del Sur del planeta que en los del Norte. En muchos recintos en los primeros perviven felizmente culturas precapitalistas que resisten como gato panza arriba frente a las imposiciones del capital en materia de explotación, de ritmos de trabajo, de productividad, de competitividad... En algunos de esos recintos las culturas correspondientes se han fusionado con proyectos orgullosamente anticapitalistas. Entiendo yo que esto último ha sucedido, con todas las limitaciones y contradicciones que queramos, en lugares como Chiapas, en México, al calor del zapatismo, y como Rojava, esa franja de territorio mayoritariamente poblada por kurdos emplazada en el norte de Siria, al amparo ahora de lo que han decidido llamar *confederalismo democrático*. En esos dos escenarios, y en otros, se han forjado economías autogestionario-cooperativas que recelan de la institución Estado, que rechazan por igual lo que significan el capitalismo liberal y el socialismo de cuartel, que han colocado a las mujeres en el núcleo del proyecto de emancipación, que muestran un empeño singular en preservar sabidurías ancestrales y que exhiben una actitud de respeto puntilloso por la naturaleza y sus reglas. Muchas veces he señalado que haríamos bien en mirarnos en el espejo de esas gentes.

13

En el otoño de 2022 publiqué un libro titulado *En la estela de la guerra de Ucrania. Una glosa impertinente.* En las páginas finales decidí incluir una suerte de autocrítica. El grueso del análisis que la obra incorporaba remitía a códigos convencionales de los estudios geoestratégicos, geopolíticos y geoeconómicos. En esos estudios lo común es, por cierto, que se teatralice la condición de la institución Estado. Se suele decir que Alemania propone, Francia responde, Rusia disiente o Estados Unidos mueve sus peones, como si se tratase de personas. A mí los Estados solo me interesan con la vocación franca de contestar lo que significan en su dimensión de aparatos, represivos en todos los órdenes, al servicio de la clase dominante. Lo que realmente me preocupa es la gente de abajo. Y en el caso de la guerra de Ucrania esa preocupación tiene que volcarse, por fuerza, en muchos jóvenes y adolescentes, ucranianos y rusos, que se encuentran en las trincheras. Su condición no parece inquietar, sin embargo, a casi nadie.

Quiero recordar que cuando se produjo la invasión rusa de Ucrania la Internacional de Resistentes contra la Guerra demandó de los Estados miembros de la Unión Europea que reconociesen la condición de refugiados a los insumisos que habían decidido abandonar Ucrania y Rusia. Ninguno de los miembros de la Unión asumió tal medida. He contado muchas veces que en marzo de 2022, recién iniciado el conflicto, tuve la oportunidad de contemplar unas imágenes rodadas en una carretera en una zona rural en Ucrania. Un convoy militar ruso avanzaba por esa carretera y, repentinamente, un grupo de civiles, un par de docenas, le cerró el paso. Lo primero que ocurrió fue que de uno de los vehículos militares salió un soldado que blandió un fusil ametrallador y disparó varias veces al aire. Nadie se movió. Inmediatamente la tanqueta que encabezaba el convoy hizo ademán de abalanzarse sobre los cuerpos de los civiles, pero en el último momento se detuvo. Aunque, lamentablemente, desconozco el final de la historia, las imágenes me interesaron sobremanera, y ello por dos razones. En primer lugar, demostraban que en Ucrania había gente decidida a hacer valer con coraje la desobediencia civil no violenta. Y, en segundo término, revelaban que, al menos en aquel momento, los soldados rusos se comportaban como seres humanos y se preguntaban si tenía algún sentido acabar con la vida de civiles indefensos. Infelizmente este tipo de personas, en un lado como en el otro, han quedado en un discretísimo segundo plano en provecho de gobernantes, generales y magnates.

Cuando en el propio año 2022 tuve la oportunidad de hablar sobre Ucrania en un centro social en Barcelona, la primera pregunta en el debate la enunció un joven ruso que, para variar, se llamaba Vladímir. Preguntó qué es lo que yo entendía que debía hacer en su país la oposición democrática a Putin. Difícilmente podría yo responder de manera solvente a una pregunta como esa cuando no sé muy bien qué es lo que tenemos que hacer aquí, entre nosotras. Creo, aun así, que mi respuesta, a mitad de camino entre el rigor y la ironía, tenía fundamento. Le dije: lo que tenéis que hacer es ocupar las fábricas y autogestionarlas, como en 1905 y 1917. Pero no deseo olvidar que eso es lo que tendríamos que hacer también aquí nosotras.

Mucho me temo, en fin, que no solo se trata de que nos mostremos incapaces de asumir conductas como la recién reivindicada. A menudo he señalado, con afán provocador, que quienes asesinan palestinos en la franja de Gaza no son, hablando en propiedad, los soldados israelíes: somos nosotros, los habitantes de los países ricos, firmemente decididos a preservar nuestra posición de privilegio y necesitados de que operen gendarmes regionales que pongan freno a eventuales contestaciones.

14

Pese a lo que acabo de señalar, y en el propio Norte opulento, no faltan algunas buenas noticias. Todas ellas tienen como núcleo la preservación, y en su caso la irrupción, de prácticas de autogestión y apoyo mutuo que se niegan felizmente a morir. Muchas veces me he preguntado cómo se supone que va a reaccionar la población de los países ricos cuando las señales anunciadoras de un colapso general sean aún más claras que las que ya tenemos delante de los ojos. ¿Por qué habríamos de rechazar, de cualquier modo, el horizonte de que sean muchas las personas que opten por defender respuestas de carácter colectivo asentadas en el apoyo mutuo solidario? ¿Y que lo hagan, no de resultas de haber leído con fruición los libros de Kropotkin o de Marx, sino por efecto de la certificación biológica de que esas respuestas son mucho más eficientes que las vinculadas con el *sálvese quien pueda* imperante?

¿Qué es lo que me ronda en la cabeza cuando enuncio este argumento? Entiendo —lo he dicho muchas veces— que hemos prestado muy poca atención a los grupos de apoyo mutuo que germinaron, en los momentos iniciales de los confinamientos, a principios de 2020. Me interesan por varias razones diferentes. La primera y, a buen seguro, la menos importante es el hecho de que, llamativamente, muchos de esos grupos decidieron autodescribirse como eso, como grupos de *apoyo mutuo*. Es el término que da título a un libro maravilloso de Kropotkin en el que este último demuestra empíricamente que hay muy numerosos y muy consistentes ejemplos de especies animales que progresan a través de la cooperación y de la solidaridad, y no por efecto de la competición más feroz, del codazo más descarnado. La segunda razón la aporta la impresión de que —hasta donde llega mi conocimiento, que admito que es liviano— en la mayoría de los casos esos grupos fueron perfilados por la gente común, y no por activistas hiperconscientes de movimientos sociales críticos. Era la gente de a pie, honestamente preocupada por los problemas que acosaban a sus vecinos y vecinas, la que se movilizaba. La tercera y última razón remite a una obviedad: en esos grupos había una franca preeminencia de mujeres, toda vez que cuando lo que está de por medio es el mantenimiento de la vida las mujeres se hallan, o suelen hallarse, un paso por delante.

Siempre que enuncio este argumento procuro acompañarlo de una recomendación encarecida de lectura. Me refiero a un libro de una ensayista norteamericana llamada Rebecca Solnit. En la versión castellana la obra se titula *Un paraíso en el infierno* y en sustancia es un estudio de cómo los integrantes de las clases populares reaccionan en escenarios de catástrofe: un terremoto, un maremoto, un tsunami, una erupción volcánica, los atentados de Nueva York y Washington en 2001, los bombardeos alemanes sobre Londres durante la segunda guerra mundial o... el propio colapso. Solnit concluye que, a diferencia de lo que ocurre con los integrantes de las clases pudientes, los de las populares reaccionan con alegría, con eficacia y con solidaridad. O al menos lo hacen cuando con anterioridad han conseguido preservar elementos importantes de la vida comunitaria. Creo que una tarea muy honrosa en el momento presente consiste en mantener abierta esta discusión y, con ella, las prácticas en las que por fuerza tiene que concretarse.

15

Quiero llamar la atención sobre los numerosos problemas que arrastra la llamada Agenda 2030, a los ojos de muchos un faro incuestionable que debe guiar nuestra conducta en lo que al escenario social y ecológico se refiere. Es sabido que la Agenda 2030 ha sido objeto de comentarios agrios por parte de nuestra *derechona*. Esta circunstancia, por sí sola, invitaría a moderar nuestras críticas al respecto. Debo confesar que, por muy diversos motivos, no consigo hacerlo.

Comoquiera que la Agenda es una herramienta que ha surgido al calor del sistema de Naciones Unidas, ese vínculo, por sí solo, hace que me cueste mucho trabajo olvidar el sentido de fondo de otras propuestas aireadas desde la máxima organización internacional. Recuerdo que un cuarto de siglo atrás Naciones Unidas mostró un empeño singular en acabar con el hambre en el planeta sin tocar un ápice, eso sí, los programas de ajuste del Fondo Monetario. La cosa no dejaba de resultar llamativa: se anunciaba el propósito de terminar con el hambre al tiempo que se dejaba sobre el terreno, sin embargo, uno de los elementos centrales que justificaban la existencia del problema que se trataba de encarar.

En lo que respecta a la Agenda 2030, y en estas horas, me interesa subrayar que en modo alguno contesta la lógica del capital y tampoco asume ninguna crítica con respecto a las presuntas virtudes comúnmente atribuidas al crecimiento económico. En esas condiciones es inevitable que en los hechos se traduzca en un olvido más, el enésimo, de lo que ocurre en los países del Sur. En el mejor de los casos la Agenda 2030 sirve de instrumento central de defensa de lo que se ha dado en llamar *capitalismo verde*, esto es, una modalidad de capitalismo relativamente novedosa que aspira, sin más, a encontrar en la ecología un nicho de negocio adicional. Y ello cuando la Agenda no ampara, siquiera sea subterráneamente, horizontes de corte ecofascista firmemente decididos a aprovechar fenómenos como el cambio climático y el agotamiento de las materias primas para propiciar el exterminio de poblaciones y el control de territorios en provecho de una escueta minoría de la población planetaria.

16

Pocas figuras hay más escurridizas que la de Donald Trump. Solo albergo una certeza en lo que se refiere al actual presidente norteamericano: es, por encima de todo, y acaso exclusivamente, un empresario. Doy por descontado que aunque Trump no sabría situar Ucrania en el mapa, tiene un conocimiento más que razonable de lo que significa el concepto de *tierras raras*, vitales para el despliegue material de un sinfín de ultimísimas tecnologías. Sabe, por añadidura, que el territorio ucraniano atesora yacimientos importantes de estas últimas, casualmente situados, la mayoría de ellos, en las áreas del país en disputa con Rusia. Cuando Trump muestra un empeño singular en terminar con la guerra de Ucrania, a buen seguro que no está pensando en las vidas de esos jóvenes y adolescentes ucranianos y rusos que invoqué en su momento: lo que tiene en mente son los negocios más obscenos.

Por lo demás, y en un segundo escalón, creo que una discusión interesante es la relativa a si Trump se ajusta en plenitud al estereotipo del negacionismo. Aunque sé que en sus declaraciones gusta de negar, sin ir más lejos, el relieve del cambio climático, el Trump empeñado en comprarle Groenlandia —esa gigantesca isla situada en el océano Glacial Ártico— a Dinamarca, o en su caso en robarle Groenlandia a Dinamarca, es alguien perfectamente consciente de la riqueza en materias primas que atesora el territorio correspondiente. No es lo propio de un negacionista enloquecido que ignora el agotamiento de recursos básicos.

Agrego una última observación en este rapidísimo repaso de los rasgos del actual presidente norteamericano. Sabido es que a principios de 2025, poco después de tomar posesión, señaló que tenía el propósito de convertir la franja de Gaza en una *riviera* para turistas ricos. Me sorprendió que muchas personas se rasgasen las vestiduras. Trump no estaba haciendo otra cosa que verbalizar un proyecto que el mundo occidental ha desplegado en un sinfín de rincones del planeta, con unas u otras formas, en los cinco últimos siglos. Aunque admitiré que la formulación verbal era singularmente dura, debo subrayar en paralelo que hablando en propiedad nada nuevo había por detrás de ella.

17

Creo que no se ha prestado la atención que merece a lo que ocurrió en determinados estamentos de la Unión Europea en los primeros meses de 2025, luego de la toma de posesión de Donald Trump como presidente norteamericano. No faltaron los *europeístas* que llegaron a la conclusión de que, habida cuenta del desdén con que Trump parecía tratar a la Unión Europea (UE), lo que se imponía era acabar con la dependencia de esta última, en todos los ámbitos, con respecto al gigante estadounidense. Pareciera como si en la percepción de estas gentes el vínculo de Bruselas con Washington fuese el producto de circunstancias azarosas que podían dejarse rápidamente en el olvido. Salta la vista que no era así: la construcción histórica de la UE se ha producido en estrecha y cabal relación con ese vínculo, de tal suerte que cuesta mucho trabajo —no estoy en condiciones de acometerlo— imaginar a la Unión Europea liberada de la tutela de Estados Unidos. La UE no es sino el núcleo europeo occidental del capitalismo internacional, y su relación con el núcleo estadounidense, muy poderosa, se ha mantenido incólume desde siempre.

Creo que lo que llegó después de esos primeros meses de 2025 ha venido, infelizmente, a dar la razón a mi argumento. La farsa de una posible ruptura dejó el camino expedito a una apuesta conjunta encaminada a acrecentar espectacularmente el gasto militar en el marco de la OTAN. Recuérdese que el objetivo en el momento presente no es otro que incrementar ese gasto hasta situarlo en el 5% del producto interior bruto (PIB) de los miembros de la

Alianza Atlántica. Ojo con la cifra: no habla del 5% del gasto público, sino del 5% del PIB, un monto que, según una estimación, equivaldría a algo así como un 20% del gasto público. No hay que ser muy imaginativo para percatarse de dónde van a salir esos recursos: de la sanidad, de la educación y de las pensiones. El escenario venidero se antoja, en otras palabras, pavoroso.

A duras penas sorprenderá que el discurso autolegitimador que acompaña a semejante locura exige elevar al grado máximo, con evidente distorsión de la realidad, la presunta amenaza rusa (y, con ella, en la trastienda, también la china). Hay quien piensa, sin embargo, que los tiros van, en los hechos, por otro camino, habida cuenta de que la UE ha puesto la mirada en las materias primas que atesora el continente africano, escenario histórico de intervenciones activas del lado de la propia Unión Europea.

Las cosas como fueren, la UE no parece tomarse la molestia de ocultar la obscena doble moral que, también ella, abraza. El ministro español de Asuntos Exteriores, el señor Albares, se muestra muy preocupado por la posibilidad de que en Ucrania se reconozcan cambios en las fronteras que sean el producto del uso de la fuerza. Bien está. Lo que ocurre es que habría sido muy de agradecer que la UE hubiese mostrado la misma inquietud en el Kurdistán, en Palestina, en el sur de Sudán o en el Sahara occidental. Y ello por referir cuatro ejemplos de lo que en los hechos han sido cambios en las fronteras derivados de la posición de poder de unos u otros contendientes. Claro es que también podríamos incorporar a la lista de desafueros, cómo no, los golpes de Estado promocionados por Francia en el África subsahariana.

18

Doy un salto más para identificar una notable habilidad del sistema que padecemos: la de conseguir que no hagamos las preguntas realmente importantes. Propongo un ejemplo, creo que gráfico, de lo que quiero decir. El discurso dominante afirma que debemos buscar nuevas fuentes de energía que nos permitan mantener esto que hemos alcanzado, y en su caso acrecentarlo. ¿Cuál es la gran pregunta que consiguen que no hagamos? Esa pregunta no es otra que la que plantea si parece aconsejable preservar estas sociedades nuestras o, por el contrario, y como me temo, lo suyo es prescindir de los muchos elementos de irracionalidad que incorporan.

Muchas veces he señalado, por otra parte, que el discurso dominante que acabo de mencionar promueve debates interesantes relativos a la naturaleza del régimen en el que estamos insertas, pero infelizmente poco o nada nos dice sobre la condición del sistema que está por detrás de ese régimen. Aunque ese discurso se refiera con profusión al bipartidismo, a la corrupción o a los problemas en materia de división de poderes, al igual que sucede con los tertulianos de las radios y de las televisiones nada nos dice del capitalismo, del trabajo asalariado, de la mercancía, de la alienación, de la explotación, de la plusvalía, de la sociedad patriarcal, de las guerras imperiales, de la crisis ecológica, del colapso...

Siempre que enuncio esta retahíla de sustantivos procuro rescatar uno de ellos: plusvalía. No estoy pensando ahora en ese impuesto que hay que pagar cuando se produce la compraventa de una vivienda. Lo que tengo en mente es, antes bien, el concepto de *plusvalía* desarrollado por Marx en el primer libro de *El capital,* cuando estudió cómo los empresarios explotaban a la mano de obra y obtenían el beneficio. He señalado muchas veces que hace unos años corrió por las redes sociales una frase redonda que daba en el clavo de la cuestión. Mal que bien decía: tú que estás tan preocupado, tan inquieto y tan indignado por la corrupción, ya verás cómo vas a *flipar* el día en que te enteres de lo que es la plusvalía. La corrupción es un fenómeno inquietante y sistémico, ciertamente, pero lo de la plusvalía remite a la explotación cotidiana, los 365 días del año, de miles de millones de seres humanos. ¿Cuánto tiempo dedicamos a la crítica de la corrupción y cuánto asignamos, en cambio, a la plusvalía? Me temo que el panorama es literalmente desolador.

19

Tiene sentido que me pregunte si vamos a esquivar ese colapso general del sistema que padecemos del que he hablado ya varias veces. En mi intuición —subrayo que hablo sin más de una intuición—, la respuesta es no. Lo que está a nuestro alcance es mitigar algunas de las consecuencias más funestas del colapso y postergar un poco en el tiempo su manifestación. Debo confesar —lo hago siempre— que este segundo horizonte, lo de postergar esa manifestación en el tiempo, no acaba de convencerme. Lo que en este caso me ronda en la cabeza es el título, moderadamente humorístico, de un libro de un norteamericano llamado John Michael Greer.

94 | CARLOS TAIBO

En una imaginable traducción castellana ese título rezaría *Colapse ahora y evite aglomeraciones*.

Entiendo que lo que Greer viene a sugerirnos es que, dado que inexorablemente vamos a colapsar, acaso lo más inteligente es empezar a construir ya los rasgos propios de la sociedad poscolapsista. Y asumir esa tarea ahora que el cambio climático todavía no ha hecho sentir sus consecuencias más negativas, en un momento en el que todavía disponemos de materias primas, energéticas y no energéticas, en cantidades importantes, y sobre la base del recordatorio de que la mayoría de los colapsos registrados en el pasado tuvieron consecuencias saludables en lo que se refiere a rerruralización, desjerarquización y ganancias en autonomía local. Desde la intuición, en suma —de nuevo la intuición—, de que el colapso puede borrar de un plumazo muchos de los problemas que hoy nos acosan en lo que atañe a dos cuestiones tan relevantes como son la propiedad privada y la deuda. El debilitamiento de las capacidades de presión y de represión al alcance de las instituciones bien puede sernos de ayuda.

20

Por momentos se nos debe hacer evidente que muchos de los conceptos que hemos empleado desde tiempo atrás, y que nos han otorgado una aparente comprensión del mundo en que vivimos, van a dejar de servirnos. En condiciones muy precarias y perentorias, de forma muy rápida, nos vamos a ver en la obligación de buscar, probablemente con escaso éxito, otros nuevos.

He contado muchas veces que hace un cuarto de siglo en Estados Unidos se rodó una película cuyo argumento principal era que Albania le declaraba la guerra a los propios Estados Unidos. En una tertulia de intelectuales en Francia en la que había un albanés procedieron a discutir si la película en cuestión se podía proyectar en Albania o, por el contrario, heriría sentimientos nacionales profundos. Unos sostenían lo primero, en tanto otros defendían lo segundo. Lo cierto es que el albanés permanecía callado. En un momento determinado el tono de la conversación fue bajando y se escuchó, al cabo, su vocecita. Se limitó a decir: "En Albania no hay cines". Esa discusión tan interesante relativa a si una película se podía proyectar o no en su país pendía de un elemento material, la existencia de cines, que para bien o para mal no operaba sobre el terreno.

Tengo la firme convicción de que en los próximos años nos veremos obligados a repetir muchas veces que en Albania no hay cines. Cuando alguien, por ejemplo, dé por descontado —ya me he referido a ello— que inexorablemente aparecerán tecnologías que nos permitirán lidiar con problemas que hoy se nos antojan inabordables, sin explicar al tiempo, y por ejemplo, de dónde va a salir la energía que permitirá poner en funcionamiento esas tecnologías. Razón de más para rebelarse.

21

Todos los momentos son buenos para recordar lo que supuso, con sus grandezas y miserias, lo que hoy llamamos *Primera Internacional*. Creo que el impulso mayor de esta última fue, del lado antiautoritario, el designio de crecer en la realidad del mundo obrero y campesino, esto es, de romper con el ensimismamiento que a menudo se encierra en las fronteras propias. Y de hacerlo, por añadidura, desde una perspectiva orgullosamente internacionalista asentada en el apoyo mutuo y en lo que hoy llamamos *autogestión*.

Por detrás de esa propuesta, y de otras parecidas, se hallaba la certeza de que en las clases populares está claramente instalada, pese a atrancos y apariencias, la práctica de esos dos elementos que acabo de identificar: el apoyo mutuo y la autogestión. En ese orden de cosas creo que entre nuestras tareas principales despuntan tres. La primera consiste en barrer la casa propia, no vaya a ser que nos empeñemos en dar consejos que no sabemos, o no queremos, aplicar entre nosotras. La segunda es el propósito de no mirar a nadie por encima del hombro; los viejos militantes anarquistas no lo hacían, siquiera solo fuera porque no había nadie por debajo de su hombro... La tercera, en suma, estriba en mostrar una disposición abierta a aprender de los demás, y a hacerlo desde la convicción de que no disponemos de una ciencia social que otorgue certezas.

He dicho muchas veces que tengo que creer en la gente común. Ojo con la formulación verbal. No estoy diciendo que crea necesariamente en ella: me estoy limitando a certificar que, de no creer en la gente de a pie, lo que estaré defendiendo será el enésimo discurso vanguardista que, por bien trenzado que esté, a duras penas servirá de nada a la hora de encarar la miseria que nos acosa por todas partes. Obligado estoy a subrayar, sin embargo, y en paralelo, que la propuesta que abrazo en modo alguno surge en el vacío. Parte, antes bien, de la certeza de que en nuestra especie perviven los gérmenes de la rebelión. Muchas veces he señalado que desde tiempo inmemorial, y en los cinco continentes, la mayoría de las comunidades humanas se han organizado sobre la base de la autogestión y del apoyo mutuo. Lo que, de resultas, se antoja excepcional en nuestra historia es la lógica del Estado y la del capital. Ya me gustaría poder agregar el nombre, junto a estos dos mastodontes, de la sociedad patriarcal. Pero lo de esta última es —me temo— harina de otro costal.

ESTEL NEGRE

01 | *Marx y el Anarquismo* | Rudolf Rocker
02 | *La Ley y la Autoridad* | Piotr Kropotkin
03 | *La Mujer* | Teresa Claramunt
04 | *Consideraciones sobre la violencia* | Ángel Pestaña
05 | *Doctrina y combate* | Ricardo Mella
06 | *Reflexiones de camino a la horca* | Kanno Sugako
07 | *Páginas de la mujer* | Lola Iturbe
08 | *El médico ante la vida* | Amparo Poch
09 | *La guerra y la escuela* | Albano Rosell
10 | *La intervención de Stalin en España* | Abel Paz
11 | *Escritos, I (1936)* | Gabriel Buades
12 | *A las proletarias* | Teresa Mañé
13 | *E. Goldman. Reflexiones anarcofeministas* | Silvia Döllerer
14 | *La instrucción integral* | Mijaíl Bakunin
15 | *Amor y libertad* | Voltairine de Cleyre
16 | *Victor Serge y la revolución* | Frank Mintz
17 | *Una reflexión sobre el anarquismo gitano* | Rafael Buhigas
18 | *Cincuenta sombras sobre Bonanno* | Miquel Amorós
19 | *Los sucesos de Jerez* | Ricardo Mella
20 | *Los osos de Berna y el oso de San Petersburgo* | Mijaíl Bakunin
21 | *Mujeres de las revoluciones* | Etta Federn
22 | *Un mundo que se nos va* | Carlos Taibo

CALUMNIA

Un mundo que se nos va.
Razones para rebelarse
de CARLOS TAIBO

se publicó el día 10 de febrero de 2026